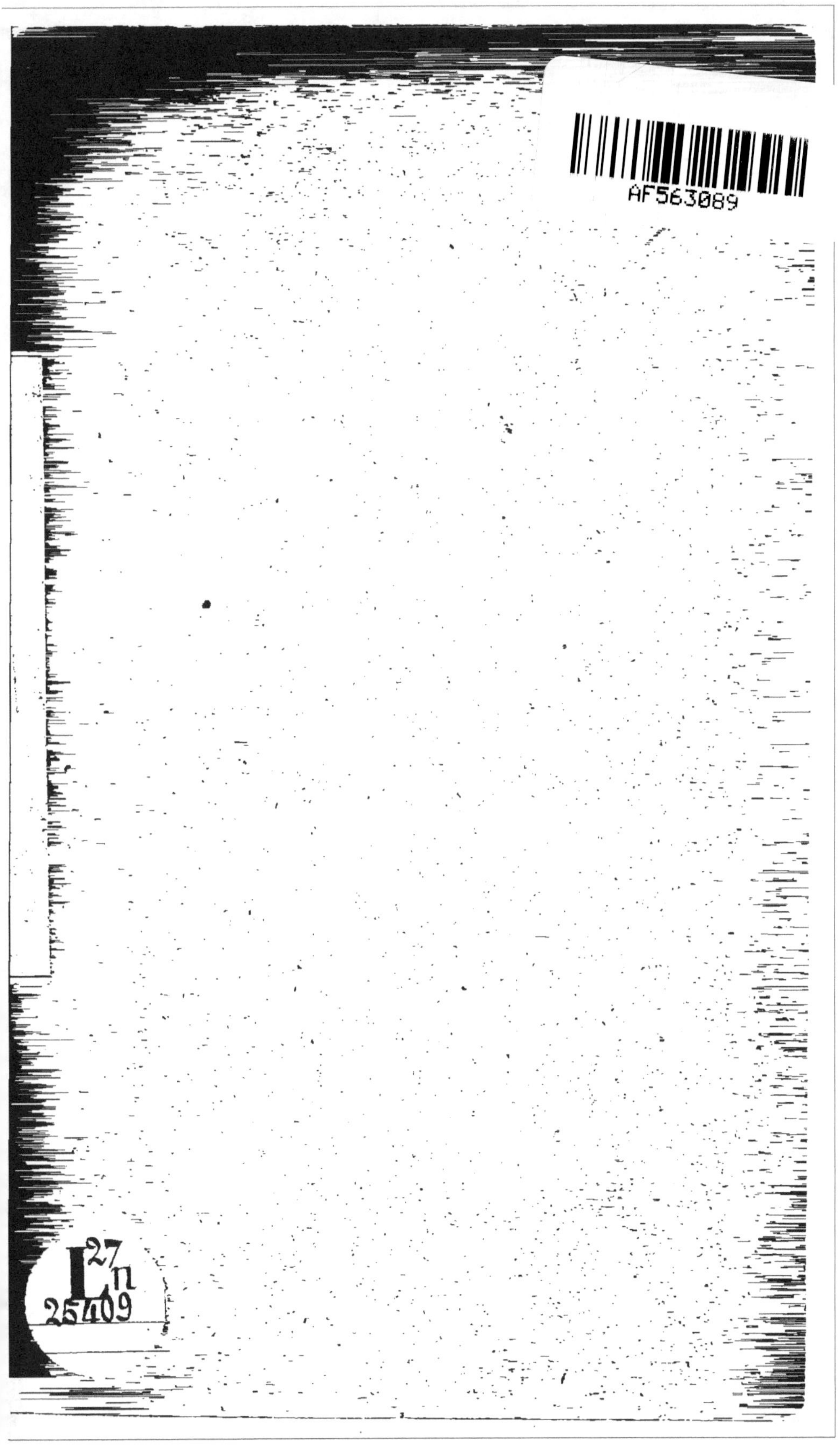

BIOGRAPHIE

DU DOCTEUR

ADOLPHE COLSON.

BIOGRAPHIE

DU DOCTEUR ADOLPHE COLSON

PRÉSENTÉE ET LUE

A LA SOCIÉTÉ DE PRÉVOYANCE ET DE SECOURS MUTUELS DES MÉDECINS DE LA MEUSE

PAR LE DOCTEUR NIVELET FILS

Dans la Séance annuelle du 19 août 1869

MESSIEURS,

J'ai entrepris d'écrire et de laisser comme souvenir à notre Société la Biographie du Dr Adolphe COLSON. Je n'ai pas été arrêté par la faiblesse de mes moyens; j'ai cédé aux entraînements de la reconnaissance pour les témoignages de sympathie que m'avait donné notre regretté confrère. Je dois ajouter que les souvenirs de la bonne et franche amitié qui me liait à son fils et le désir d'affirmer ma respectueuse estime à une famille plongée dans le deuil, étaient là pour m'encourager aussi.

Le docteur Ad^e^ Colson naquit à *Void*, le 29 septembre 1812, d'un père médecin dont le souvenir inspire encore, aujourd'hui, à ceux qui l'ont connu, l'admiration et le respect.

Il fit ses premières études classiques au collége de *Commercy*, puis à celui de *Bar-le-Duc*, et les termina à *Nancy*, où, en même temps, il commença pendant un an ses études médicales.

De là il fut à *Paris*. Pendant quatre ans, il travailla avec assiduité dans les hôpitaux, principalement à *Baujon*, dans le service et sous les auspices du professeur *Marjolin*.

Après ce laps de temps, il était en état de se faire recevoir docteur. Il tardait au jeune homme instruit et rempli de zèle de venir prendre place, en notre ville, aux côtés de son père, de le seconder de ses efforts, en même temps qu'il profiterait de sa vieille expérience.

Le 5 janvier 1835, Augustin-Adolphe *Colson* soutenait devant la faculté de *Paris* une Thèse hardie et propre à faire pressentir en lui un chirurgien distingué. C'est qu'en effet, Messieurs, le titre seul de cette thèse devait, à cette époque, faire sourire d'incrédulité beaucoup de chirurgiens et surtout d'anatomistes de la faculté.

Essai sur la luxation de l'extrémité supérieure du cubitus, en bas et en avant, sans fracture de l'olécrâne.

Telle était la proposition que l'audacieux candidat allait soutenir à *Marjolin* et à *Richerand*. C'était hardi... mais l'élève était convaincu, car il tenait l'observation, sur laquelle était fondé son sujet, d'un praticien qui se trompait rarement : il la tenait de son père.

Aussi, écoutez-le dès les premières lignes :

« Peut-être paraîtra-t-il étrange qu'en secouant
» la poussière scolastique qui recouvre mon habit
» d'étudiant, je vienne proclamer la possibilité
» de cette luxation sans fracture de l'olécrâne?
» Cette considération et la crainte de me trouver
» en contradiction avec tout le monde aurait suffi,
» sans doute, pour m'empêcher d'élever la voix
» si je n'avais été fermement convaincu que, dans
» les sciences d'observation, toutes les autorités de
» nom doivent tomber devant un fait. Persuadé
» qu'il ne suffit pas d'un — *Le maître l'a dit* —
» pour établir la validité ou la fausseté d'une opi-
» nion. »

C'est ainsi que le jeune homme pensait à 25 ans ; c'est ainsi qu'il osait s'exprimer devant les maîtres que j'ai nommés, et qu'il leur affirmait un fait que beaucoup de chirurgiens distingués nient encore aujourd'hui.

L'observation avait été communiquée au Cercle médical de la Meuse par le père... on en avait ri ;

on avait critiqué : le fils la reprenait et l'affirmait dans sa thèse... Cette ténacité dans ses convictions que M. Ad. *Colson* avait à 25 ans, lui est restée toute sa vie, comme médecin et comme administrateur.

Aujourd'hui, Messieurs, cette précieuse observation, recueillie en 1818 par M. *Colson* (Clément), a donné à réfléchir au monde chirurgical ; et, grâce à l'initiative de celui que nous avons perdu, vous pouvez lire dans l'ouvrage de chirurgie publié récemment par M. Adolphe *Richard*, chirurgien de l'hôpital *Baujon*, les lignes qui suivent :

« Malgré l'autorité d'*Hypocrate*, on professait » à la suite d'un doute de Jean-Louis *Petit*, que la » luxation en avant de l'avant-bras est impossible » sans fracture de l'olécrâne, quand, en 1835, » parut une thèse de M. *Colson* qui démontra cette » luxation d'une façon incontestable ; et depuis, une » dizaine d'exemples en ont été cités ; si bien, » qu'au contraire la luxation du coude en avant est » certainement moins rare sans fracture qu'avec » fracture de l'olécrâne. »

Ce progrès chirurgical est donc dû à notre confrère seul. C'est ce que je tenais à établir pour notre honneur à tous.

De retour à Commercy, M. Ad. *Colson* participa immédiatement à la clientèle des campagnes, avec son père, prodiguant les lumières de son art aux pauvres, avec un dévouement aussi absolu que s'il eut été appelé par les plus riches clients.

Le zèle constant, l'abnégation personnelle qu'il apportait dans l'exercice de sa profession le mirent, en 1849, en face d'un ennemi qu'il avait déjà connu à Paris en 1832. La seconde épidémie de choléra le trouva à son poste comme la première, et, en récompense de ses services, le Ministre de l'agriculture et du commerce lui décerna une médaille d'argent ; quelques mois avant, en juin 1849, il avait été nommé médecin des épidémies.

C'est à la même époque qu'il fut frappé dans l'une de ses plus chères affections. Le Dr Clément *Colson,* son père, succombait le 8 juin 1849, à l'âge de 66 ans. Le pays perdait en lui un médecin hors ligne, dévoué à tous, et cette mort n'était rien moins qu'un malheur public. Hélas ! ce premier deuil qui plongeait la famille Colson dans la consternation, devait être suivi de beaucoup d'autres !

La mort du père laissait vacante la place de médecin en chef de l'hôpital ; le fils fut naturellement appelé à lui succéder, et la commission administrative le nomma à ce poste en 1851. C'était au moment où les travaux de la ligne de l'Est étaient poussés avec la plus grande activité. De nombreux blessés encombraient les salles de l'hôpital et une succursale avait dû être établie dans les bâtiments de l'ancienne sous-préfecture. Très-souvent il y avait lieu de pratiquer des opérations chirurgicales très-sérieuses : le zèle et le talent du Dr *Colson*, assisté de M. *Charrois*, suffit à tout. Aussi, dès l'inauguration de la ligne de l'Est, fut-il nommé médecin de la compagnie.

Quelques temps après, en 1854, il se trouva de nouveau aux prises avec le choléra. Mais, cette fois, il n'eut pas l'avantage dans la lutte et fut frappé au début de l'épidémie. Grâce à la constitution robuste dont il jouissait alors, et aux bons soins qu'il reçut de son épouse dévouée, de ses parents, de ses confrères, de ses amis, il put se relever et reprendre ses visites auprès de ses chers malades.

Tant de dévouement et d'abnégation attirèrent sur lui les regards bienveillants de l'administration et, le 29 janvier 1855, il reçut la croix de chevalier de la Légion-d'Honneur.

Un mois avant, il avait été nommé médecin par quartier à l'école normale.

L'année 1856 fut pour le docteur Adolphe et sa famille, une nouvelle source de chagrins. Son frère, le commandant Achille *Colson*, né en 1815, succombait le 5 mai, épuisé par son ardeur pour les travaux de cabinet auxquels il se livrait avec passion, avec excès. Cette mort fut vivement ressentie par tous les amis de la famille, et surtout par les amis du défunt qui estimaient profondément la droiture de caractère de cet officier plein d'avenir. Les paroles de regrets que j'ai souvent entendu donner à sa mémoire, sont pour moi le plus sûr garant de ce que j'avance.

Ces cruelles épreuves devaient ébranler la santé de M. *Colson*, et plusieurs d'entre vous savent qu'à partir de cette époque elle commença à s'altérer. Néanmoins, il s'occupait sans relâche de sa clientèle, et le jour et la nuit. Jamais on ne le vit refuser de se rendre au lit d'un malade quel qu'il fut : il était littéralement esclave de sa profession.

Rentré chez lui, il s'occupait encore, travaillait, prenait des notes, m'a dit un témoin oculaire, comme s'il eut à préparer un examen. Aussi, une nouvelle récompense lui fut accordée, en 1859, pour son service des épidémies : il reçut une médaille de bronze, et, le 22 août de la même année, il fut nommé membre du conseil d'hygiène.

En 1860, les nombreuses voix de ses concitoyens l'appelèrent au conseil municipal où son avis fut souvent écouté favorablement. Je ne puis mieux faire que de rapporter les paroles prononcées à ce sujet sur sa tombe par M. *Bazoche* père, président du conseil général.

« M. Colson, élu des premiers, était d'un excel-
» lent conseil; toujours calme et tranquille, capable
» et prudent, il inspirait la confiance, et son opi-
» nion entraînait celle du corps tout entier.....
» Aussi, sa mort est une grande perte, à ce point
» de vue, pour la ville de Commercy. »

A partir de cette époque, M. *Colson* s'occupa à la fois de sa clientèle et des affaires administratives. Mais, trop souvent, dès-lors, le zèle qu'il apportait dans l'accomplissement de ces diverses fonctions fut souvent interrompu par le mauvais état de sa santé et par la difficulté qu'il éprouvait à marcher.

En juin 1867, une grande satisfaction lui était réservée. Son fils qui avait terminé ses études, se fixait définitivement à Commercy, et venait faire partie de notre famille médicale. Hélas! ce bonheur devait être court.

Il y a deux ans, à cette époque, vous avez vu au milieu de nous Edouard *Colson*, plein de vie; vous avez pu admirer la gaieté de ce caractère toujours franc, toujours ouvert; ces belles qualités du cœur et de l'esprit ; cette dignité professionnelle, cet amour de la droiture, de la justice qu'Edouard possédait à un si haut degré. Eh bien, Messieurs, tout cela a été ravi à ce malheureux père en vingt-quatre heures ! Une maladie terrible et qui ne pardonne jamais, l'a enlevé, le 8 mars 1868, à l'affection d'un père, d'une mère, d'une aïeule pour lesquels il n'était pas seulement un bon fils, mais un excellent ami.

Sa bonne nature ne pouvait comprendre l'animosité entre confrères, entre anciens camarades, et et il avait toujours rêvé de faire cesser la froideur des relations qui existait entre son père et le mien. Ce projet, formé par nous à Paris, il allait le réaliser, car le 11 mars 1868, le docteur *Adolphe*, dans une lettre affectueuse qu'il écrivait à mon père, lui disait : « Depuis le retour de mon pauvre » *Edouard*, je sentais que nous marchions vers une » réconciliation vers laquelle mon cœur me portait. » Il était si heureux de la conquête qu'il faisait de » toi : par nos enfants, nous marchions vers le retour » de notre ancienne affection. »

Excellent garçon, excellent camarade qui n'a pu se faire un ennemi.

Cette honorable famille qui compte dans son sein les hommes les plus distingués, des officiers supérieurs, et surtout des médecins, qui se trouve représentée avec tant d'éclat à *Noyon*, à *Bar-le-Duc*, à *Beauvais*, devait-elle donc s'éteindre à Commercy, dans la personne d'un homme aussi bon, aussi généreux, aussi aimant que l'était *Edouard*.

Ce coup accablant du sort a été vivement ressenti par notre population : vous vous rappelez quelle foule nombreuse voulut lui dire un dernier adieu. C'est que, comme il a été dit sur sa tombe : « Si » beaucoup étaient amenés à ses funérailles par » respect pour le père et pour la famille, beaucoup » aussi y étaient conduits par l'amitié que le fils » avait su leur inspirer. »

Quelle douleur n'a pas dû ressentir le père infortuné ! Il vous l'a exprimé sur la tombe de son *Edouard*, quand il a déclaré ne pouvoir lui survivre.

A partir de cette triste époque, la vie de M. *Colson* ne fut plus qu'un long martyr. Espérance, projets à venir, tout était évanoui. Il chercha dans la clientèle, dans des occupations journalières, la distraction dont il avait tant besoin. Ce fut en vain.

Neuf mois après cette perte cruelle, je le vis un soir, ses idées n'avaient point leur netteté habituelle ; il souffrait de la tête et se croyait atteint d'une grave maladie du cerveau. Je fis tout ce que je pus pour le détourner de cette idée ; sa conviction fut, ce jour-là, impossible à ébranler. Deux mois avant, je l'avais assisté dans une amputation de jambe à l'hôpital, et il avait opéré avec une dextérité, une précision telles que sa main chirurgicale les comportait. Aussi, rejetant loin de moi la possibilité d'un ramollissement cérébral, je fus bien plus de son avis quand, quelques jours après, il me dit avoir diagnostiqué son affection, et être atteint de fièvre intermittente, à caractères pernicieux. J'adoptai cette opinion d'autant mieux qu'elle le laissait dans un état d'esprit beaucoup plus calme et qu'elle le tranquillisait lui et les siens. Le sulfate de quinine qu'il prit alors, sembla lui donner raison : il était beaucoup mieux, et le premier jour de l'année nous trouva réunis auprès d'un malade que nous soignions ensemble. Ce fut ce jour-là (qu'il me soit permis dans ma reconnaissance de le rappeler ici) qu'il m'annonça que, sur un avis émis favorablement par lui, j'étais nommé médecin adjoint à l'hôpital. Les jours suivants, nous nous retrouvâmes au lit du malade, et rien ne faisait prévoir la catastrophe qui devait porter le dernier coup à cette malheureuse famille.

Le 7 fevrier 1869, revenant de la campagne,

voir un malade, et à peine descendu de voiture, le docteur *Colson* s'occupait à m'écrire, et m'envoyait un ouvrage en souvenir de son cher fils, quand il fut frappé d'apoplexie cérébrale.

Appelé immédiatement auprès de lui, je reconnus la gravité de l'accident et dus m'entourer au plus vite de tous les conseils et de tous les aides dont j'avais besoin. C'est ainsi qu'après avoir prévenu mon père, MM. les docteurs *J. Colson*, *Nève*, *Burlureaux*, *Laforêt*, *Verjus*, furent successivement appelés. Soins impuissants; l'attaque avait eu lieu à cinq heures de l'après-midi; à minuit, la connaissance était perdue; la dernière personne que le malade reconnut fut son cousin *J. Colson.* La paralysie qui s'était bornée d'abord au côté gauche, envahit bientôt le reste du corps, et le lendemain, à quatre heures, l'homme de bien, couvert à juste titre des récompenses terrestres, allait, dans un autre monde, recevoir les récompenses dues à ses vertus.

Ainsi se termina, après d'affreuses souffrances, cette vie si laborieuse et si bien remplie.

Puissé-je avoir atteint le but que je m'étais proposé et accompli un pieux devoir d'amitié envers *Edouard*, de reconnaissance envers M. *Adolphe*, de respectueuse estime envers toute la famille *Colson*, en retraçant par ces lignes l'existence de l'homme de bien dont la mort a été pour le pays un véritable malheur.

Beaucoup d'entre vous, Messieurs, connaissaient les détails que je viens de dire : ceux qui les ignoraient apprendront aussi que le Dr *Colson* était l'un des fondateurs de notre société. Vous savez qu'elle fut représentée dignement à ses funérailles : peu de nous y ont manqué. Tous, nous avons prouvé combien nous avions à cœur de rendre les derniers devoirs à celui qui jouissait de l'estime de tous. Vous avez entendu les gémissements et les sanglots de tant de personnes accourues des divers points de l'arrondissement, pour lesquelles il avait été si longtemps une Providence, et qui avaient en lui la confiance la plus absolue.

Le Dr Adolphe *Colson* a eu, pour notre pays, et dans sa petite sphère, une célébrité équivalente à celle des premiers médecins de la capitale. Esclave de ses devoirs, obéissant jour et nuit aux exigences de sa situation, il devait, malgré la force de sa constitution, succomber aux blessures du cœur, aux fatigues du corps et de l'esprit.

Il est mort à 56 ans.

Commercy, imp. de Ch. Cabasse.

www.ingramcontent.com/pod-product-compliance
Lightning Source LLC
LaVergne TN
LVHW010258230826
846091LV00007B/3029
9782013372039